Robogato

por
Andrew Clements

ilustrado por
Dave Murphy

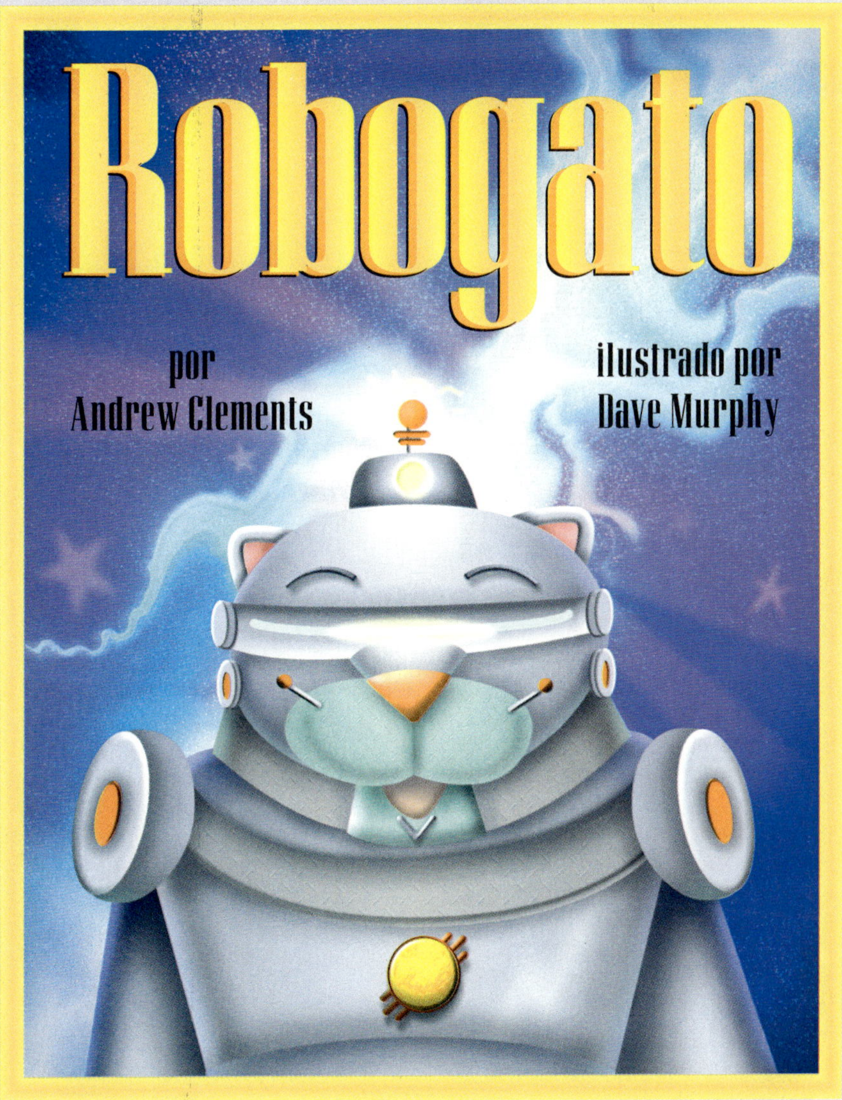

 HOUGHTON MIFFLIN   BOSTON

Era un bonito día de verano.
Pero algo no iba bien. Robogato podía
oler que el delito flotaba en el ambiente.

Robogato miró las hileras de hortalizas. Revisó toda la huerta.

Entonces dijo:

—Alguien ha estado comiendo los nabos. Alguien ha estado mordiendo las zanahorias. ¡Esto parece un trabajo para Robogato!

Esa noche, Robogato se escondió en un árbol cerca de la huerta. Dijo:
—Estos ladrones no tienen escapatoria.

Robogato vigiló la huerta toda la noche. Bueno, casi toda la noche.

A la mañana siguiente, Robogato fue a la huerta. ¡Habían desaparecido más nabos y más zanahorias!

Robogato vio agujeros, muchos agujeros, debajo de la cerca. Dijo:

—¡Alguien ha estado cavando bajo las cercas! ¡Alguien ha estado jugando muy sucio!

Robogato tapó los agujeros. Luego, se quedó muy quieto en la huerta. Esperó a que algo sucediera.

—Esos ladrones se creen muy listos —dijo—. ¡Pero no saben que Robogato lleva este caso!

Esa noche, Robogato oyó que escarbaban la tierra y mordían las hortalizas. Alguien vio a Robogato. Alguien se rió y dijo:
—¡Miren nada más! ¡Uy, qué miedo!

De repente, Robogato encendió sus luces. Dijo:

—Deberían estar asustados. ¡Soy Robogato! ¡No se muevan!

¡Eran Conejo Parche y los Saltadores!
Robogato les dijo:
—¡Patas arriba! ¡Por fin los tengo!

Conejo Parche dijo:

—No tan rápido, Aliento de Pescado. ¿Nos tienes tú o te tenemos nosotros?

—¡Pues ya sabemos la respuesta! —dijo Robogato—. Como dije, ya los tengo. Y ahora van a pasar un tiempo con las gallinas.

Conejo Parche dijo:
—Encontraremos una manera de salir de aquí, ¡lo prometo! Y cuando salgamos, ¡nos vamos a comer todas las hortalizas de la huerta!

Robogato dijo:

—¡No mientras Robogato esté vigilando!

Parche sonrió.

—Podemos esperar hasta que te eches una siesta—dijo.